PIANO / VOCAL / GUITAR

MY #1 SONGS

GW00417552

Published by
WISE PUBLICATIONS
14-15 Berners Street, London W1T 3LJ, UK.

Exclusive distributors:
MUSIC SALES LIMITED
Distribution Centre, Newmarket Road,
Bury St Edmunds, Suffolk IP33 3YB, UK.

MUSIC SALES PTY LIMITED
20 Resolution Drive, Caringbah, NSW 2229, Australia.

Order No. AM996908
ISBN 978-1-84772-999-6

This book © Copyright 2009 Wise Publications,
a division of Music Sales Limited.

Music arranged by Jack Long.
Music processed by Paul Ewers Music Design.
Edited by Jenni Wheeler.

Printed in the EU.

WISE PUBLICATIONS
part of The Music Sales Group
London/New York/Paris/Sydney/Copenhagen/Berlin/Madrid/Tokyo

A LITTLE TIME
The Beautiful South
172

AMERICA
Razorlight
14

APOLOGIZE
Timbaland Feat. OneRepublic
101

BANG ON THE PIANO
Jack McManus
64

BED SHAPED
Keane
122

DIGGING MY HEELS IN
Tim Daniel
146

ENGLISHMAN
IN NEW YORK
Sting
130

FALLING OUT
OF REACH
Guillemots
34

FOUNDATIONS
Kate Nash
165

HEARTBEATS
José Gonzáles
76

HIGH
James Blunt
80

I DON'T WANT TO
TALK ABOUT IT
Everything But The Girl
126

IT MEANS NOTHING
Stereophonics
58

LES FLEUR
4Hero
70

LINGER
The Cranberries
111

LOVE IS A
LOSING GAME
Amy Winehouse
31

MARLENE
ON THE WALL
Suzanne Vega
152

OVER MY HEAD
(CABLE CAR)
The Fray
22

PATIENCE
Take That
106

SEWN
The Feeling
89

SHE'S THE ONE
World Party
136

SO SUBLIME
Beth Rowley
96

STRANGE AND
BEAUTIFUL (I'LL PUT
A SPELL ON YOU)
Aqualung
142

SWEET ABOUT ME
Gabriella Cilmi
10

SWEETEST THING
U2
84

THIS IS THE LIFE
Amy MacDonald
42

WARWICK AVENUE
Duffy
4

WHO'S THAT GIRL?
Robyn
118

WRITING TO
REACH YOU
Travis
160

YOU DO
SOMETHING TO ME
Paul Weller
53

YOU GIVE ME
SOMETHING
James Morrison
48

WARWICK AVENUE

Words & Music by Duffy, James Hogarth & Eg White

SWEET ABOUT ME

Words & Music by Brian Higgins, Miranda Cooper, Timothy Powell, Gabriella Cilmi,
Timothy Larcombe & Nicholas Coler

♩ = 132   **Swung quavers**

Original key: C# major

13

AMERICA

Words & Music by Johnny Borrell & Andy Burrows

Oh, oh, oh,___ oh. There's trou - ble in A - me - ri - ca.

Oh, oh, oh,___ oh. There's pan - ic in A - me - ri - ca.

Oh, oh, oh,___ oh.___

D.S. al Coda

18

OVER MY HEAD (CABLE CAR)

Words & Music by Joseph King & Isaac Slade

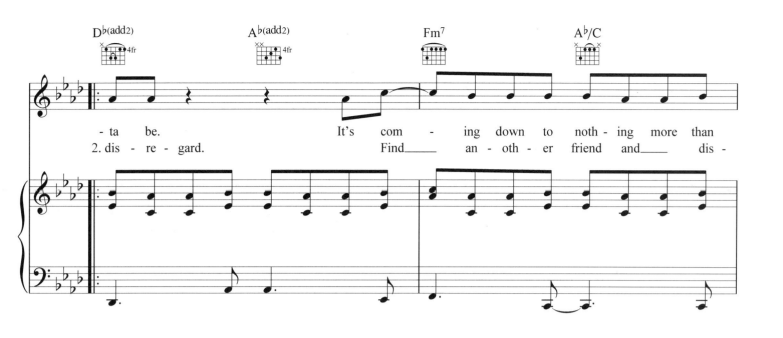

-ta be.　　　　　　　　　　It's com - ing down to noth - ing more than
2. dis - re - gard.　　　　　　Find____ an - oth - er friend and____ dis -

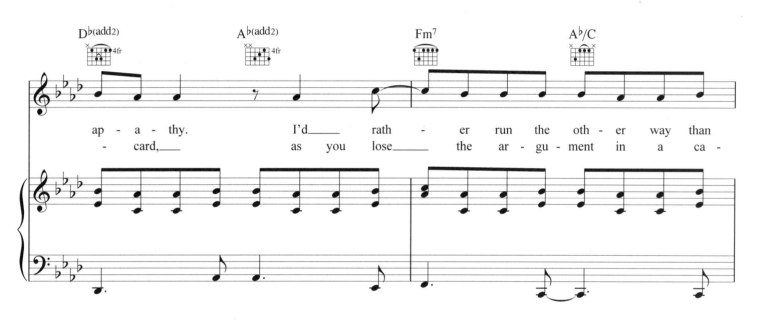

ap - a - thy.　　　　　I'd____ rath - er run the oth - er way than
- card,____ as you lose____ the ar - gu - ment in a ca -

stay and see　　　　　　the smoke,____ and who's___ still
-ble car.____ Hang - ing a - bove as the

stand - ing when___ it clears._____ } And
can - yon comes___ be - tween._____

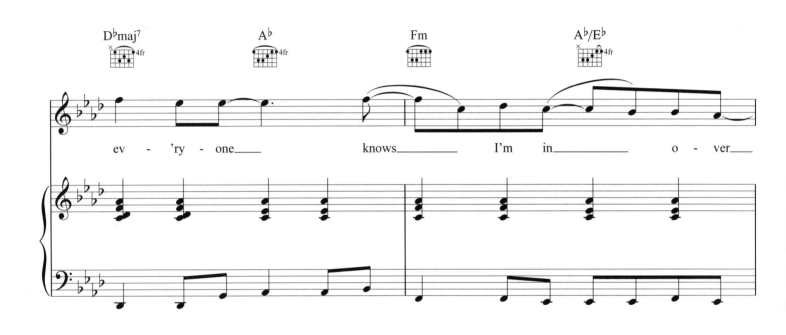

ev - 'ry - one___ knows_____ I'm in_____ o - ver___

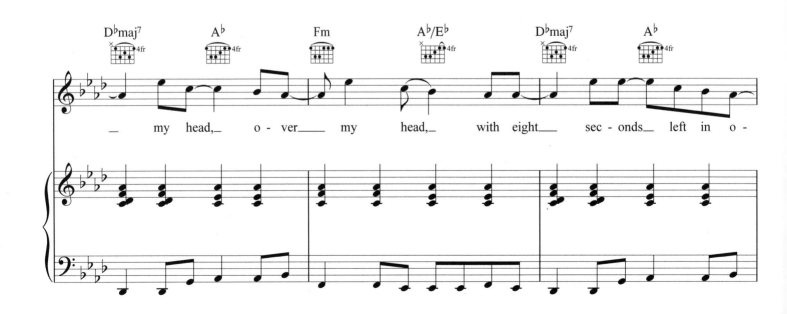

___ my head,___ o - ver___ my head,___ with eight___ sec - onds___ left in o -

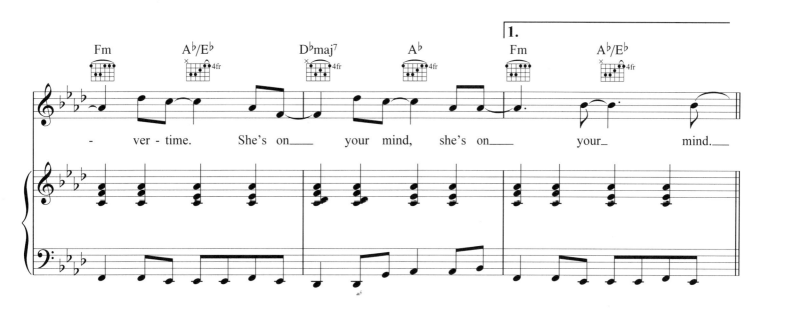

- ver - time. She's on___ your mind, she's on___ your_ mind.___

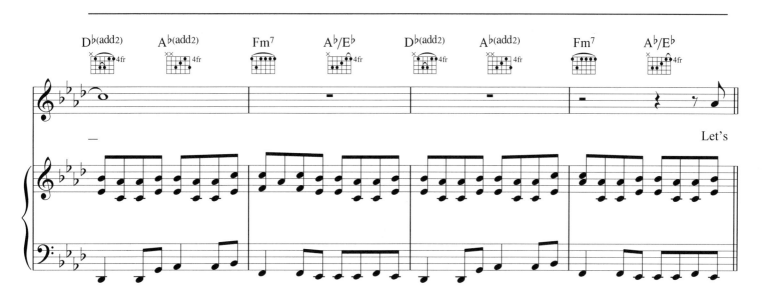

___ Let's

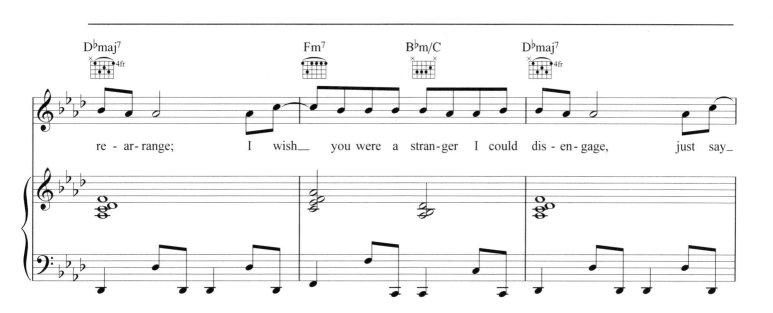

re - ar - range; I wish__ you were a stran-ger I could dis - en - gage, just say__

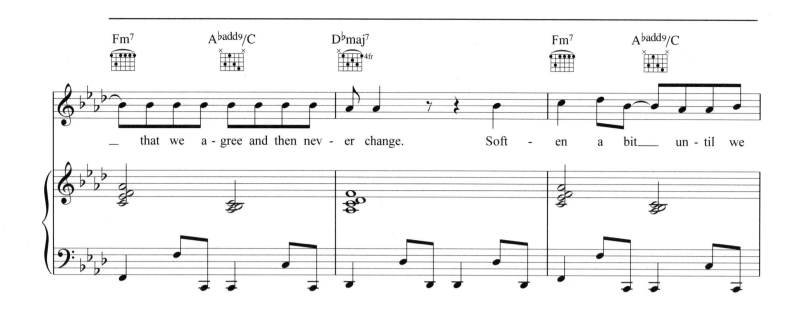

that we a-gree and then nev-er change. Soft-en a bit__ un-til we

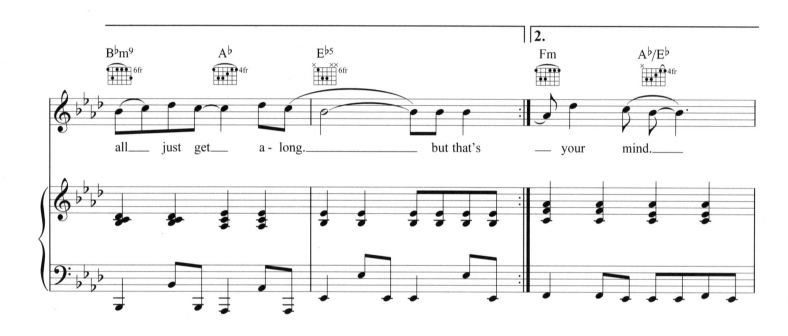

all__ just get__ a-long._____ but that's __ your mind.__

2.

ev-'ry-one__ knows_____ I'm in_____ o-ver__ my head,__ o-ver__

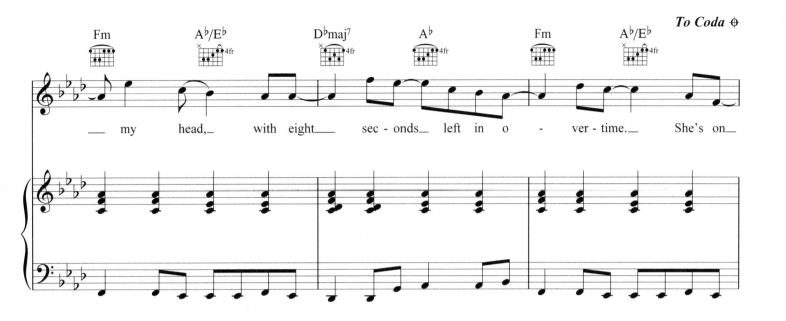

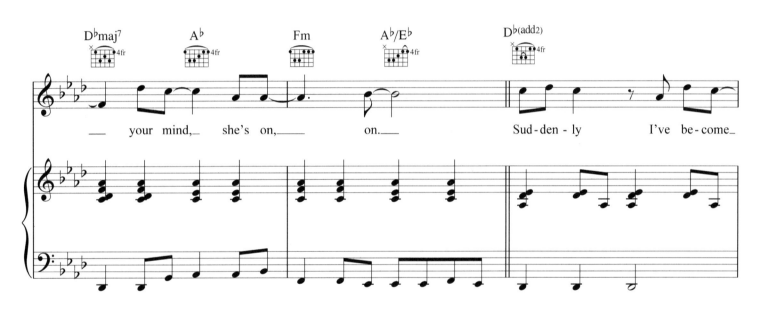

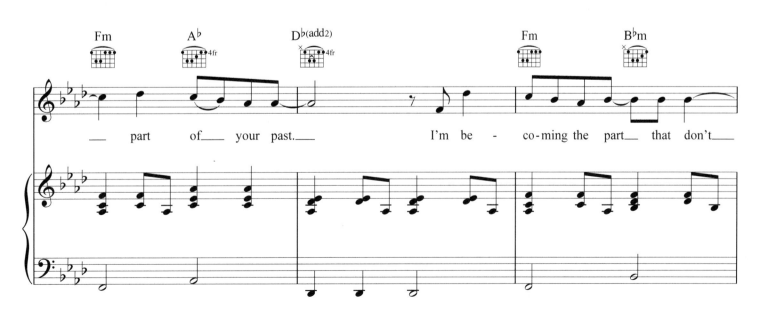

LOVE IS A LOSING GAME

Words & Music by Amy Winehouse

31

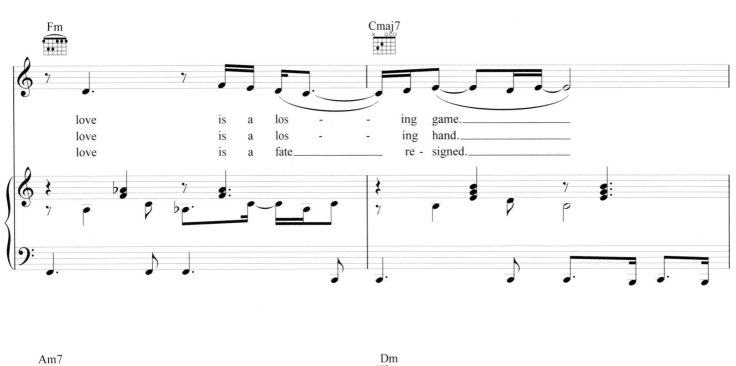

love   is   a   los - - ing   game._____
love   is   a   los - - ing   hand._____
love   is   a   fate_____ re - signed._____

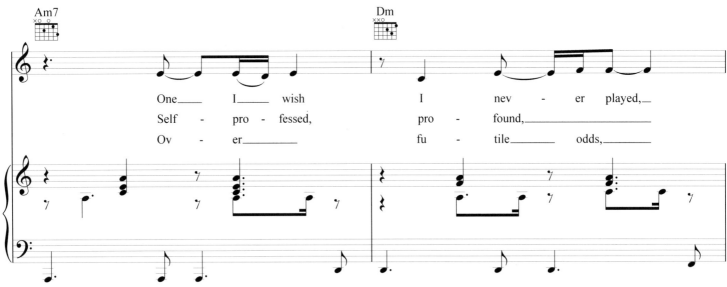

One____ I____ wish   I   nev - er   played,___
Self - pro - fessed,   pro - found,_____
Ov - er_____   fu - tile_____ odds,_____

oh,_____ what   a   mess_____ we   made,_____
'til   the   tips   were_____ down,_____
and   laughed   at__ by_____ the   gods,_____

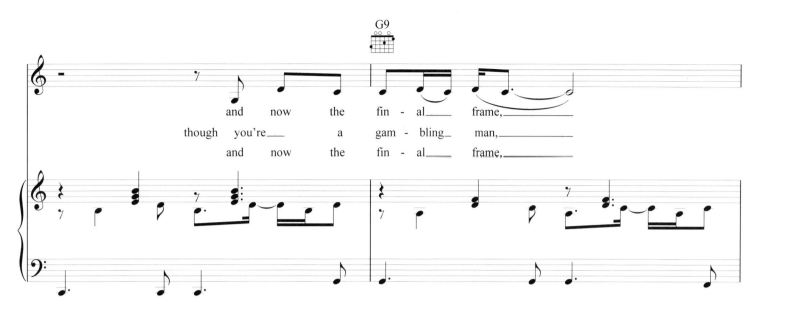

and now the fin - al____ frame,_____
though you're____ a gam - bling____ man,_____
and now the fin - al____ frame,_____

To Coda ⊕

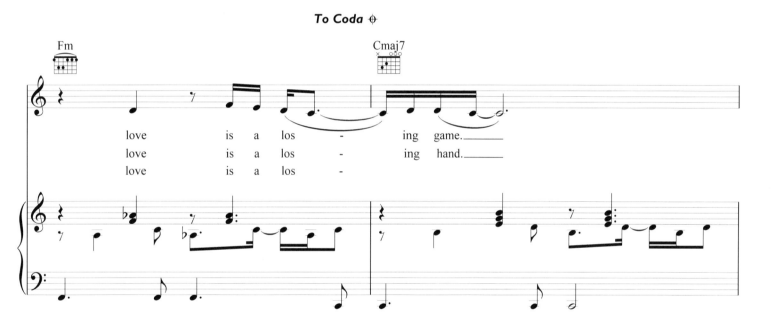

love is a los - ing game._____
love is a los - ing hand._____
love is a los -

⊕ **Coda**

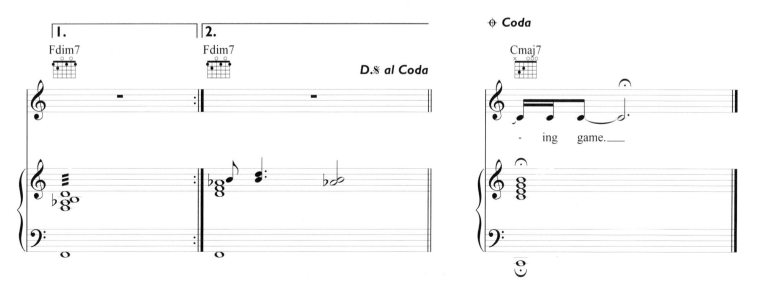

1. **2.** **D.%. al Coda**

- ing game._____

FALLING OUT OF REACH

Words by Fyfe Dangerfield
Music by Fyfe Dangerfield, Aristazabal Hawkes, Ricardo Pimental & Greig Stewart

You're slow-ly drift-ing out-ta reach,___ I'm slow-ly drift-ing out-ta reach,___

we're slow-ly drift-ing out - ta reach.

You're slow-ly fall-ing out-ta reach,___ I'm slow-ly fall-ing out - ta reach,___

we're slow-ly fall-ing out - ta reach.

Out___ of reach.

39

we're slow-ly fall-ing out___ of reach.____ Oh.____

___ Oh.____ Oooh.__

Keep fall-ing, fall-ing down.__

We don't need__

40

THIS IS THE LIFE

Words & Music by Amy Macdonald

boys chase the girls with the curls in their hair,_ and the shy, tor-ment-ed youth sit a-way ov-er there,_ and the songs

_ they get loud-er, each one bet-ter than be - fore. And you're sing-ing the songs,_

_ think-ing this is the life,_ and you wake up in the morn-ing and your head feels twice the size, where you gon-na go,

where you gon-na go? Where you gon-na sleep to - night?_____ And you're sing-ing the songs,

43

YOU GIVE ME SOMETHING

Words & Music by Francis White & James Morrison

1. You only stay with me in the morn-ing, you on-ly hold me when I sleep.
2. You on-ly wait-ed up for hours, just to spend a lit-tle time a-lone with me.

YOU DO SOMETHING TO ME

Words & Music by Paul Weller

55

IT MEANS NOTHING

Words & Music by Kelly Jones

BANG ON THE PIANO

Words & Music by Martin Brammer, Billy Mann,
Stephen Robson & Jack McManus

66

Dadd2 A C♯m7 F♯m7 Dadd2 A C♯m7
2fr 4fr 2fr 4fr
on this pi - an - o till the feel-ings come. I'm stand - ing on the edge but my
F♯m7 Dadd2 A C♯7 F♯m7 Bm7
2fr 4fr
feet can't jump. Stum-bl-ing the words on the back of my tongue. And I won't
G9 A
3fr
To Coda
stop un - til the feel-ings have gone. It's bare-ly
Drums
A Gadd9 D A Gadd9 D
four in the morn - ing, still can't sleep. And that blan-

68

LES FLEUR

Words & Music by Charles Stepney & Richard Rudolph

Will some-bod-y wear_ me to_ the fair?_
*(Vocal ad lib. on repeat till *)*

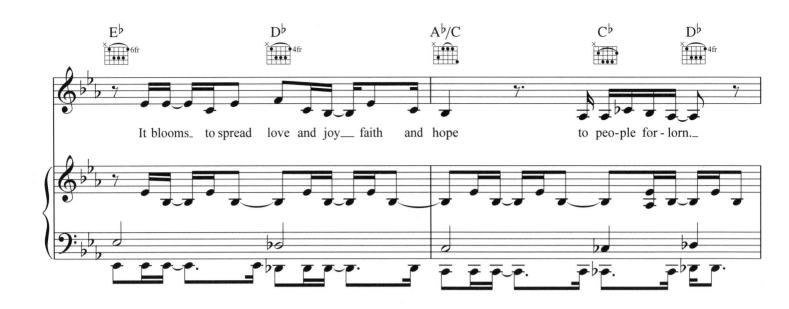

It blooms— to spread love and joy— faith and hope to peo-ple for-lorn.—

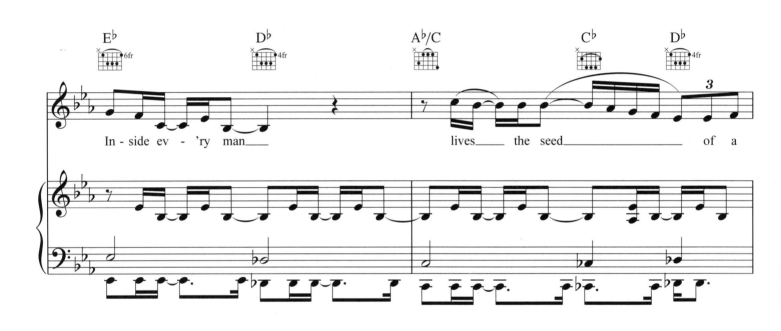

In - side ev - 'ry man— lives— the seed— of a

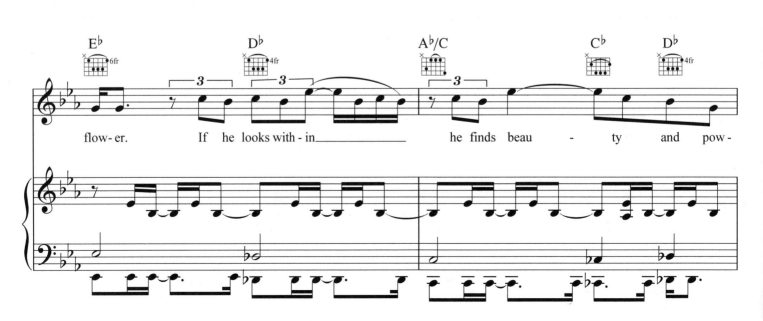

flow-er. If he looks with - in— he finds beau - ty and pow-

Ring all the bells,_ sing and tell_ the peo - ple ev - 'ry - where that the flow-er has come._

Light up the sky_ with your prayers_ of glad - ness and re - joice for the dark-ness is gone._

Throw off your fears_ let your heart_ beat free - ly at the sign that a new time is born._

La, la, la, la,___ la, la, la,___ la, la,___ la, la, la, la, la, la, la, la, la, la.___

D.S. al Coda

Repeat to fade

⊕ *Coda*

HEARTBEATS

Words & Music by Olof Bjorn Dreijer & Andersson Dreijer

HIGH

Words & Music by Ricky Ross & James Blunt

SWEETEST THING

Words & Music by U2

88

SEWN

Words by Daniel Sells, Kevin Jeremiah & Ciaran Jeremiah
Music by Daniel Sells, Richard Jones, Kevin Jeremiah, Ciaran Jeremiah & Paul Stewart

Give me the song_ and I'll sing it like I mean__ it.__

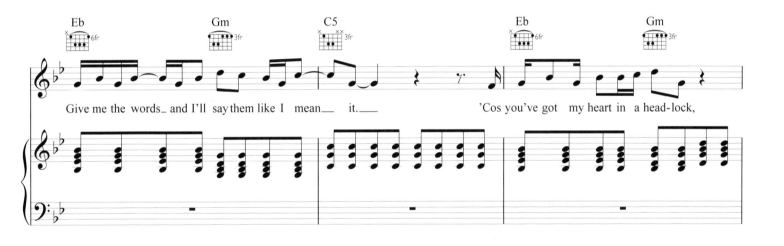

Give me the words_ and I'll say them like I mean__ it.__   'Cos you've got my heart in a head-lock,

you stop the blood and make my head soft,   and God knows,   you've got me sewn.   Na, na, na,_ na na, na, na.

day, but you may find the chance has passed you by. I

can't do the walk, I can't do the talk, I can't be your friend, un-

-less I pre-tend. So give me the song and I'll sing it like I mean it.

Give me the words and I'll say them like I mean it. Yes. 'Cos you've got my heart in a head-lock,

Ah.)

91

Yeah,_ yeah,_ yeah,_ yeah,_ yeah.

SO SUBLIME

Words & Music by Rod Bowkett & Beth Rowley

1. Who's that girl?__ The one that__ I__ re - mem - ber?
2. When did I last sit____ out - side my__ win - dow,

Who was she,__ with her hands__ wrapped a - round the__ world?__
look - ing out_____ up - on a peach - y sky?_____

APOLOGIZE

Words & Music by Ryan Tedder

holding on your rope,__ got me ten feet off the ground.__
(2.) take another chance, take a fall, take a shot for you.____

And I'm hearing what you say,__ but I just can't make a sound.__
Oh, and I need you like a heart_ needs a beat, but it's nothin' new.__

Yeah, yeah.

You tell me that you need me,
I loved you with a fire red

then you go and cut me down.__ But wait,__ you
now it's turning blue.__ And you say,__

PATIENCE

**Words & Music by Mark Owen, Gary Barlow, John Shanks,
Jason Orange & Howard Donald**

108

LINGER

Words by Dolores O'Riordan
Music by Dolores O'Riordan & Noel Hogan

Moderately (not too fast)

1. If you,

if you could re- turn, don't let it burn,

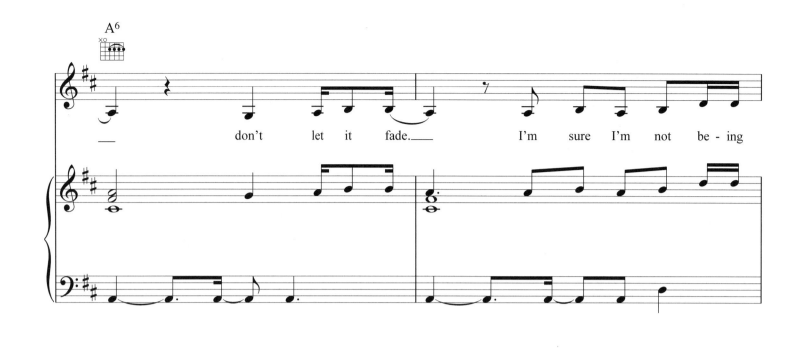

don't let it fade.___ I'm sure I'm not be - ing

rude,___ but it's just your at - ti - tude._____ It's tear-ing me___ a - part,

___ it's ru - in-ing ev - 'ry- thing.___ 2. I swore,___

D

I swore I would be true____ and hon - ey, so did you.__
(3.) ____ if you could get by____ try - ing not to lie,____

A

So, why____ were you hold - ing____ her
things____ would - n't be so____ con -

C

hand?__ Is that the way__ we stand?__ Were you ly - ing all__ the time?__
fused__ and I would - n't feel__ so used,____ but you al - ways real - ly knew____

116

Do you have to let it lin-ger? Do you have to, do you

have to, do you have to let it lin-

WHO'S THAT GIRL?

Words by Robin Carlsson
Music by Alexander Kronlund, Robin Carlsson, Olof Bjorn Dreijer & Andersson Dreijer

BEDSHAPED

Words & Music by Tim Rice-Oxley, Tom Chaplin, Richard Hughes & James Sanger

I DON'T WANT TO TALK ABOUT IT

Words & Music by Danny Whitten

-ev-er._____ And the stars in the sky_____ don't mean

noth-ing to you, they're a mir-ror._____

I don't wan - na talk a-bout_ it, how you broke my heart.

If I stay just a lit -tle bit long -er,

ENGLISHMAN IN NEW YORK

Words & Music by Sting

1. I don't drink cof-fee, I___ take tea,___ my dear,___
4. Take more than com-bat gear___ to make___ a man,___

I like my toast___ done on___ one side.___
takes more than a li-cence for___ a gun.___

133

Gen - tle - ness,__ so - bri - e - ty, are

rare in this__ so - ci - e - ty, at night a can - dle's bright - er than__ the sun.__

Solo ad lib.

N.C.

Drums

134

135

SHE'S THE ONE

Words & Music by Karl Wallinger

1. I was her,_ she was me,_____ we were one,_____ we were free._

(Verses 3 & 4 see block lyrics)

Verse 3:
Though the sea will be strong
I know we'll carry on
'Cause if there's somebody calling me on, she's the one
If there's somebody calling me on, she's the one

Verse 4:
I was her, she was me
We were one, we were free
And if there's somebody calling me on etc.

STRANGE AND BEAUTIFUL

Words & Music by Matthew Hales & Kim Oliver

144

You'll fall a-sleep 'cause I'll put a spell on___ you.___ And when I wake you

I'll be the first thing you see,_____ and you'll re - a - lise that you love____

me. Yeah. Yeah.

Yeah.___

DIGGING MY HEELS IN

Words & Music by Timothy Woodcock

good._____ Yeah. And I a‑gree en‑tire‑ly___ that
help me,___ please. It feels like ev‑'ry‑one I know is

some‑thing deep_ in‑side_ of me's_ still reach‑ing_____ for one last
beat‑ing me_ to the post, but_ it's o‑ kay,___ it's al‑right. But don't

tro‑phy in the ca‑bi‑net, or a train I have‑n't spot‑ted yet, one more
put me down as a___ pes‑si‑mist, I be‑lieve in all that mar‑riage bliss, I'll

night that I___ would nev‑ er for‑get.___ Al‑read‑y the pres‑ sure's on,_
give her all_ a man_ could give.___ They're put‑ting the pres‑ sure_ on._

147

MARLENE ON THE WALL

Words & Music by Suzanne Vega

Original key F♯ major ♩ = 118

1, 3. E-ven if I am in love with you,___ all this to say,___ what's it to you? Ob -
(2.) walk to your house in the af-ter-noon by the but-cher's shop___ with the saw-dust strewn.

153

Mar - le - ne watch - es from the wall.___ Her mock - ing smile says___ it

WRITING TO REACH YOU

Words & Music by Fran Healy

FOUNDATIONS

Words & Music by Kate Nash & Paul Epworth

1. Thurs-day___ night, ev -'ry- thing's_ fine, ex - cept you've_ got that look in your eye; when I'm tell-ing a sto-ry and you find it bor-ing, you're think-ing of some-thing to___ say. You go a-

-long with it___ then drop___ it and hu - mil - i - ate___ me in front___ of our___

___ friends.

2. Then

I'll use that___voice that you find an - noy-ing and say some-thing like *Spoken: "Yeah, intelligent input, darling.*
3. You've said, "I___must eat so man-y lem-ons,_____ 'cause I am so bit- ter."

Why don't you just have another beer, then?"
Spoken: I said, "I'd rather be with your friends, mate, 'cause they are much fitter."

Then you'll

call me a___ bitch, and ev'ry-one we're_ with will_ be em-bar-rassed, and I won't_ give a_

Yes, it was child-ish and you got ag-gres - sive, and I must ad - mit that I was_ a bit scared,_

_ shit.

_ but it gives me thrills to wind you up.

My

fin-ger-tips_ are hold-ing on_ to the cracks in our_ foun-da - tions, and I

know that I__ should let__ go, but I____ can't.

And

You've gone__ and got__ sick on__ my train- ers. I on-ly got these___ yes - ter-

- day, oh my___ gosh, *Spoken: I cannot be bothered with this.* Well

I'll leave you there till the morn-ing, and I pur-pose-ly won't turn the heat-ing on,__ and dear_

D.S. al Coda

___ God, I hope I'm not stuck__ with this___ one. My

And ev-'ry time__ we fight__ I know__ it's not right, ev-'ry time that you're up-set and__ I smile,__ I know__ I should for-get,_____ but I_____ can't. And ev-'ry time__ we fight__ I know__ it's not right, ev-'ry time that you're

A LITTLE TIME

Words & Music by Paul Heaton & David Rotheray

3.(M) I need a lit - tle

Coda

C
Fmaj⁷

4.(F) I had a lit - tle___ time to think it___

___l ___ o - ver.__ Had a lit - tle__ room__ to work_ it out.__ I found a lit - tle_

___ cour - age___ to call it off._____ (M&F) I've had a lit - tle__ time._____

I've had a lit - tle___ time._____ I've had a lit - tle_

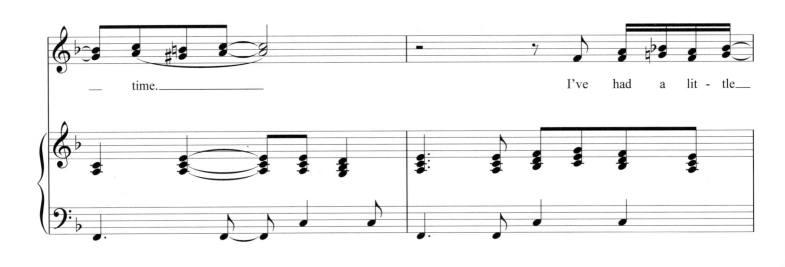

_ time._____ I've had a lit - tle_

_ time._

1 2 3 4 5 6 7 8 9